Pensamiento Visual

Jose Berengueres

Índice

Introducción

¿El por qué este libro?

Probablemente usted ha oído el término *Design Thinking*. El método de colaboración de equipos que desata torrentes de creatividad (y beneficios) en empresas. El término fue popularizado por David Kelley en los 80 a través de los proyectos que salen de su empresa de consultoría de diseño ***ideo***[1]. En 2004, Kelley, con una donación de Hasso Plattner, funda la escuela de Design Thinking d.school en Stanford[2]. Sin embargo, el término realmente salta a la palestra en 2009 cuando el programa de la TV Americana *ABC Nightline* le dedica un especial de una hora. En 2011, la Universidad donde trabajo me pidió que ofreciera un curso nuevo. Propuse Design Thinking. Para mi sorpresa Google indexó los pdf del curso que estaban

---

[1] En los 80, Kelly deja su trabajo en Boeing. Desencantado, y tras un master en product design de Stanford, funda la consultoría *ideo* en un local a pocos metros del campus en Palo Alto. Unos de sus primeros clientes: Steve Jobs de Apple.

[2] Adicionalmente a la d.School, Hasso ha fundado en 1998 El Hasso Plattner Institute en Potsdam, Alemania. Esta universidad a formado a la mayoría de los practicantes actuales de Design Thinking en Europa.

colgados en un servidor de la universidad. En los meses siguientes, fuí invitado a impartir talleres en Apple en Cupertino de la mano de Simon Lancaster, en Dubai Electricity & Water Authority de la mano de Elisabeth Samhaber, al programa CEDIM MBI en México DF, a la Universidad de Bielefeld en Alemania, y otros. Para aprender más sobre el trasfondo de Design Thinking véase *The Brown Book of Design Thinking* (Berengueres 2011)[3].

Problema

Sin embargo, durante los talleres en Apple, una observación surgió: no importaba cuán inteligentes fuesen los participantes, si no sabían hacer bocetos de sus ideas en los post-its notes, el taller no acababa de funcionar. Esto era particularmente claro en el caso de ingenieros que nunca han tenido la oportunidad de asistir a un curso de ilustración o dibujo[4]. ¿Y qué? ¿Qué tiene que ver el dibujar con el éxito de un taller de Design Thinking? ¡Todo! - digo. Me explico.

---

[3] Es un libro de texto en formato iBooks que fue co-diseñado por el autor y sus alumnos de Design Thinking de la segunda promoción en UAE University. Berengueres, J. The Brown Book of Design Thinking. iBooks. 2011.

[4] Stanford ofrece una asignatura sobre come dibujar y bocetar productos, pero no de bocetaje rápido.

Una imagen vale más que mil... post-its

Un taller de Design Thinking se basa en intercambiar ideas y luego compartirlas para que puedan ser mejoradas por personas con perspectivas diferentes a las nuestras. Esto sucede cuando una idea salta de un cerebro a otro. Mientras salta a otro cerebro, una idea puede encontrarse con otra idea y mejorar mediante analogía o al copiar partes una de otra. Así es como ideas geniales y los momentos *¡Ahá!* nacen. Design Thinking fomenta esta actividad mediante el brainstorming (lluvia de ideas) dónde el uso de notas adhesivas en un tablón compartido es central. Un biólogo llamaría a este proceso evolución basada en "notas adhesivas". Entonces, ¿qué sucede cuando los participantes del taller (como yo) no pueden dibujar en absoluto? Estoy en un taller. Tengo esta gran idea. La bosquejo y luego, cuando llega el momento de compartirla con una nota... es un garabato que nadie entiende. Mala comunicación... mal taller.

La Solución

La solución obvia a esto es enseñar a bosquejar antes del taller. Pero ¿Quién tiene tiempo de aprender a bosquejar? Ciertamente no los ingenieros de Apple.

Otra alternativa es inscribirse en un curso de ilustración. Sin embargo, incluso en el caso de que Vd. se convierta en un profesional en la ilustración de producto, o en el dibujo de manga, esas habilidades ayudan, pero no son exactamente lo que se necesita para un taller de Design Thinking. Se requiere un enfoque diferente, directo y más ágil para dibujar que no requiriera horas de capacitación. Después de meses de búsqueda, de hablar con profesores de arte y dibujo, y de la consiguiente desesperación, finalmente vi la luz durante un verano de 2015. Después de una caminata matutina en el parque Wunderlich de Woodside, acabé en el pasillo de d.School, allí, Ali McKee estaba llevando a cabo un taller piloto sobre 'Glifos'. Este libro está inspirado en gran medida en su taller.

¿Que es el pensamiento visual?

Lo que sigue es una colección de 36 consejos y siete actividades grupales diseñadas para desarrollar habilidades de dibujo específicamente dirigidas a la comunicación visual para talleres. Los principios básicos de el **Pensamiento Gráfico** (Sketch Thinking) son:

1. Dibuje rápido
2. Dibuje emociones
3. Storifique el mensaje

Estos principios se basan en el supuesto de que cuanto más fluida sea la comunicación, más creativo se vuelve el grupo. Por lo tanto, el objetivo general aquí es aumentar la creatividad de su equipo, también conocido como **IQ grupal**, mediante técnicas gráficas. Como era de esperar, además de los bocetos, la creatividad puede aumentar en dos frentes más: (i) hacer que sus bocetos sean más atractivos, y (ii) siendo intencional con el diseño interior. Finalmente, para ayudarle a navegar por el libro, verá páginas etiquetadas con [etiquetas]. Se utilizan cuatro tipos de etiquetas para estructurar funciones de capítulos. Estas son: [Herramienta], [Storytelling], [Actividad de grupo], [Consejo].

¿Cómo conseguir las diapositivas a color?

Para conseguir las diapositivas en color envíen un correo electrónico a jse@ieee.org con el asunto "PV101" y una captura de pantalla del recibo de compra y recibirá un e-mail con un link para descargarlas.

¡Felices dibujos! José Berengueres,
Dubai, a 5 de diciembre de 2021

Capítulo 1
¿Cómo bocetar?

En este capítulo aprenderá tres cosas sobre la creación de bocetos:

- Que herramientas usar
- Los componentes básicos de la narración basada en bocetos (relato visual)
- Principios (consejos) para realizar bocetos de forma eficaz

El objetivo de este capítulo es aprender a dibujar con fluidez para una comunicación eficaz. Logrará esto a través de 13 principios rectores o consejos sobre el dibujo (efectivo). Además, se incluyen seis actividades grupales. Finalmente, hay una tarea: resumir una charla TED de 5 minutos en tres notas Post-It ™. Este capítulo está compuesto por 26 unidades autónomas que se pueden clasificar en cuatro grupos:

- Tres consejos sobre herramientas de dibujo
- Los cuatro bloques de construcción para realizar relatos visuales
- Trece consejos para dibujar con eficacia
- Seis actividades grupales

¿Qué pasa cuando dibujamos mejor?

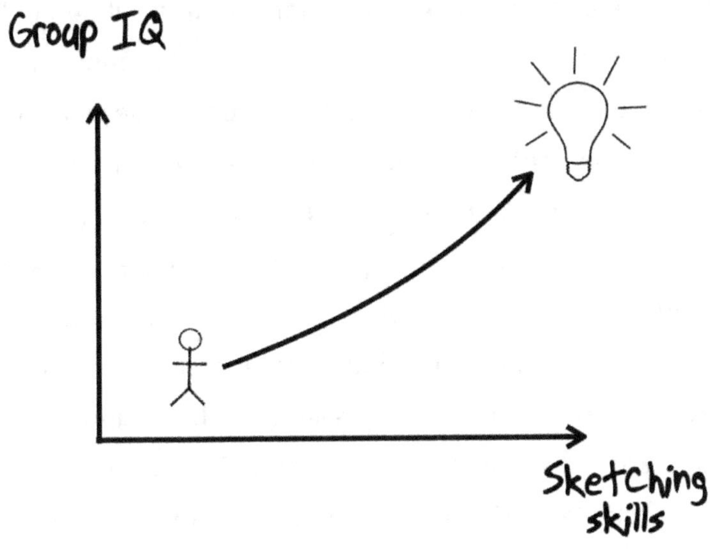

[Herramientas 01] En una reunión, a menudo, uno puede tener un grupo de individuos que tomados uno por uno son brillantes, pero que como grupo fracasan en términos creativos. ¿Por qué pasa esto? La respuesta es el **coeficiente intelectual de grupo** (gIQ). El proceso de gestión creativa llamado Design Thinking puede ayudar a elevar el IQ de un equipo. ¿Cómo? Uno de los pasos clave de Design Thinking[5] es esbozar

---

[5] Los cinco pasos de un taller de pensamiento de diseño son: "1.

las ideas generadas por la lluvia de ideas en Post-It™, que luego se pegan en un tablón donde se mezclan, combinan y evolucionan con otras ideas. Experimentalmente, sabemos que cuanto más diverso sea este conjunto de ideas, mejor será el resultado del taller. Sin embargo, ¿qué sucede cuando los participantes no pueden dibujar con fluidez? ¿Qué pasa si se esboza una idea, pero pasa desapercibida porque el boceto no era atractivo? En el primer caso, la energía creativa de los participantes se desvía para dibujar y bocetar. En el segundo caso, las grandes ideas son ignoradas por pasar desapercibidas. Ambos eventos disminuyen la inteligencia del grupo. Este capítulo trata sobre cómo ganar fluidez en bocetaje para que el 100% de su energía creativa se pueda dedicar al proceso de pensamiento, no al proceso de dibujar or bocetar.

Reunir hechos y conocimiento, 2. Compartir hechos con el equipo (definir), 3. Lluvia de ideas (pensamiento divergente), 4. Construir sobre otras ideas (pensamiento convergente), 5. Hacer prototipos e iterar ". (Berengueres 2013)

¿Cuál es la mejor herramienta de dibujo?

[Herramientas 02] La punta fina Sharpie es el marcador de punta de fieltro preferido en los talleres de Design Thinking de todo el mundo. Los bocetos realizados con Sharpie son visibles a distancias de hasta 1,8 m. En un taller, esta es la distancia típica desde la que las personas observarán sus bocetos cuando se coloquen en una pared. El Sharpie tiene un grueso óptimo: un bolígrafo produce líneas que son demasiado delgadas para verse cómodamente desde una pared (ancho de línea <1 mm). Un marcador grueso produce líneas que son muy visibles desde distancias más grandes, pero que carecerán de detalles finos (ancho de línea> 5 mm).

Alternativas

Si vive en un área geográfica donde la marca Sharpie no está disponible, como las regiones GCC y MENA, puede probar Artline ErgoLine Calligaphy Pen 3.0 de ShaChiHata Japan (Ref. ERG-243). Este marcador de punta de poliéster tiene una base de agua y, por lo tanto, la tinta no es permanente. Sin embargo, la punta de cincel es muy versátil.

¿Por qué prefiero rotuladores a bolígrafos?

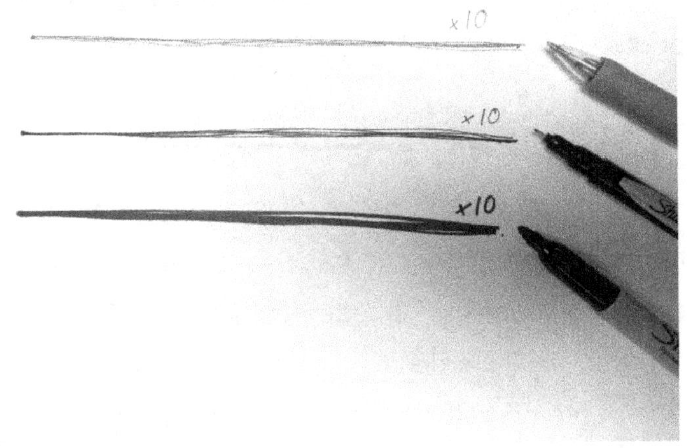

La fotografía muestra una comparación entre tres tipos diferentes de herramientas de dibujo.

Arriba: 10 líneas rectas dibujadas con bolígrafo.

Medio: 10 líneas rectas dibujadas con una punta de 0,5 mm.

Abajo: 10 líneas rectas dibujadas con un Sharpie.

Las líneas las trazó la misma persona. Las líneas comienzan en un punto a la izquierda y terminan en el lado derecho de la página. Observe cómo la dispersión de los puntos finales de las líneas es similar en cada caso. Sin embargo, las líneas dibujadas con la punta de fieltro parecen menos inestables que las líneas dibujadas con el bolígrafo. Esto se debe a una fricción lateral más alta (y más constante) proporcionada por el área de contacto comparativamente grande de la punta del fieltro con la superficie.

Inconvenientes de la punta de fieltro

Un inconveniente de los marcadores con punta de fieltro es su menor durabilidad. Un marcador de bolígrafo eficiente puede trazar una línea recta continua de 2 km de largo antes de quedarse sin tinta. Una punta de fieltro típica apenas alcanza la marca de los 500 m.

¿Cómo dibujar personas?

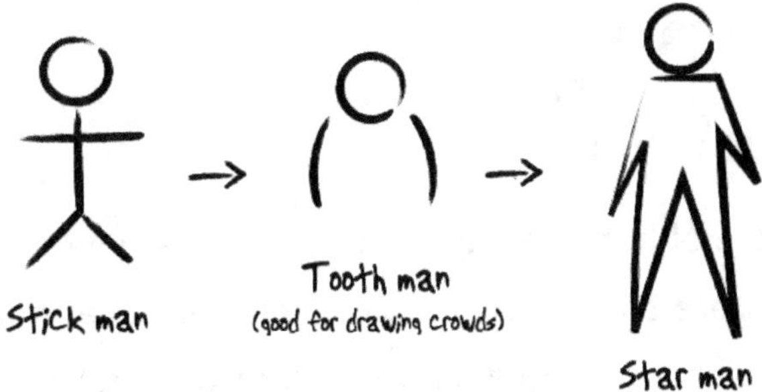

[Consejo 01] En esta ilustración, de izquierda a derecha, tenemos al hombre-palo (stick-man), al hombre-diente (tooth-man) y al hombre-estrella (star-man). Cuando Vd. era niño, probablemente aprendió a dibujar al hombre-palo. El hombre-palo es una forma eficaz de dibujar a un humano. Sin embargo, es difícil hacerle expresar sentimientos. Entra el hombre-estrella...

El hombre-estrella

Una forma muy sencilla de mejorar radicalmente el atractivo de su boceto es deshacerse del hombre palo y adoptar al hombre estrella. Un inconveniente del hombre estrella es que requiere diez trazos (el hombre-palo requiere cinco). Sin embargo, como veremos en las páginas siguientes, aprender a dibujar el hombre estrella da frutos en términos de poder de comunicación.

El hombre-diente

Entre el hombre palo y el hombre estrella tenemos al hombre-diente. El hombre-diente es una maravilla de eficiencia, ya que solo requiere tres trazos. Como veremos más adelante, el hombre-diente es el más adecuado para dibujar multitudes. En cualquier caso, tanto el hombre-estrella como el hombre-diente son una alternativa mucho más empática que el hombre-palo.

Cómo dibujar un hombre estrella

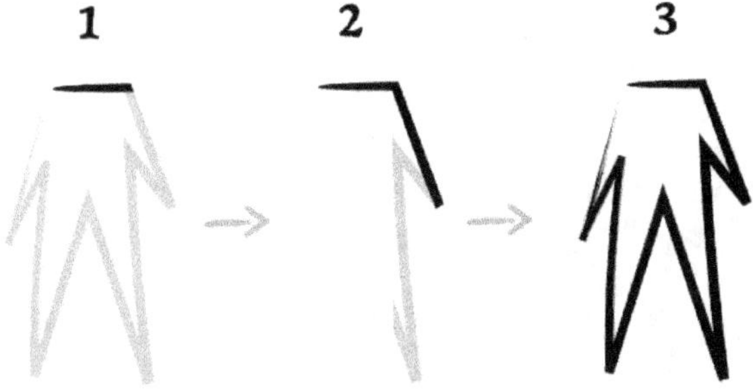

[Consejo 02] Para dibujar al hombre estrella, comience con los hombros, luego continúe con las extremidades en el sentido de las agujas del reloj. Finalmente, dibuje la cabeza. Juegue con la curvatura de las extremidades para expresar equilibrio, la dirección de la mirada, la dirección de la intención y otros atributos del lenguaje corporal. La clave para dibujar al hombre estrella es controlar el ancho del hombro. El ancho de los hombros debe ser similar al diámetro de la cabeza y nunca mucho más ancho que la cabeza.

La versatilidad del hombre estrella

[Consejo 03] Estas tres poses ejemplifican la versatilidad del hombre-estrella.

Izquierda: posición neutra. Observe cómo ambos brazos son asimétricos. La asimetría tiene como finalidad evitar el llamado efecto robot y dar cierta sensación de espontaneidad a la figura.

Centro: hombre-estrella señalador. Observe cómo la posición desplazada de la cabeza cambia totalmente la intención de la figura de neutral a muy asertiva.

Derecha: Ballet. Note la diferencia de ancho entre el brazo derecho más grueso y el brazo izquierdo más delgado. Esto transmite qué brazo apunta hacia adelante y qué brazo apunta hacia atrás. Fíjese en la flexión de las piernas para transmitir feminidad y ligereza de movimiento.

Como contar historias gráficamente

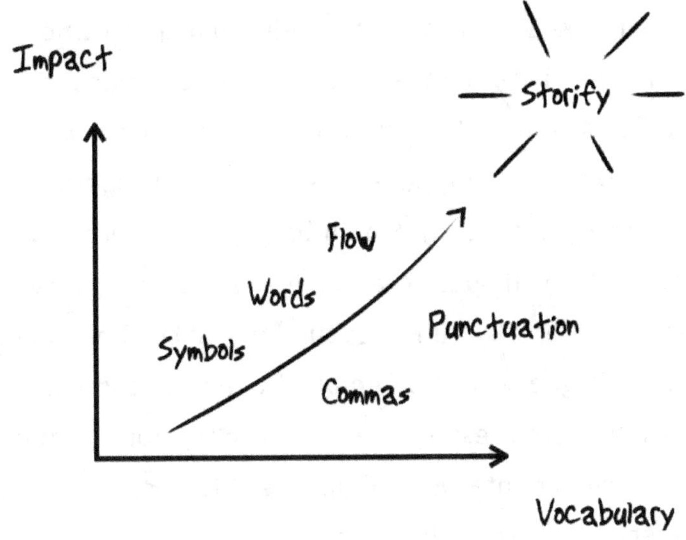

[Storytelling 01] Varios autores han señalado en otros lugares el poder de contar historias. Las mejores marcas (Patagonia), los mejores discursos (Jobs) y los mejores argumentos usan historias y narrativas[6].

---

[6] Berengueres, J. et. al., Visualización de datos & Storytelling, 2019.

¿Cómo funciona la narración gráfica?

Quizás nunca se fijó, pero cada vez que hablamos no pensamos en cada letra individual que vamos a vocalizar, ni siquiera en cada palabra. Todos esos detalles están automatizados, lo que nos permite concentrarnos en un pensamiento de nivel superior (la historia y la narrativa). Sin embargo, para explicar una historia con fluidez oral o gráficamente, primero deberá desarrollar un vocabulario gráfico. Pare que, cuando llegue la ocasión en que Vd. necesite visualizar una idea como 'estado de ánimo feliz', por ejemplo, sepa exactamente qué dibujar de forma rápida y sin esfuerzo sin perder el hilo de sus pensamientos.

¿Por qué desarrollar un vocabulario gráfico?

En las próximas páginas aprenderá los elementos para contar una historia con fluidez gráfica. Trazamos un paralelo con la redacción de ensayos. Donde en el caso de la redacción de ensayos contamos historias usando: (i) palabras, (ii) oraciones, (iii) puntuación y, (iv) párrafos; al dibujar usaremos: (i) símbolos en vez de palabras, (ii) espacio para comas, (iii) contenedores para párrafos y (iv) flechas para crear flujo visual.

Use espacios para comas

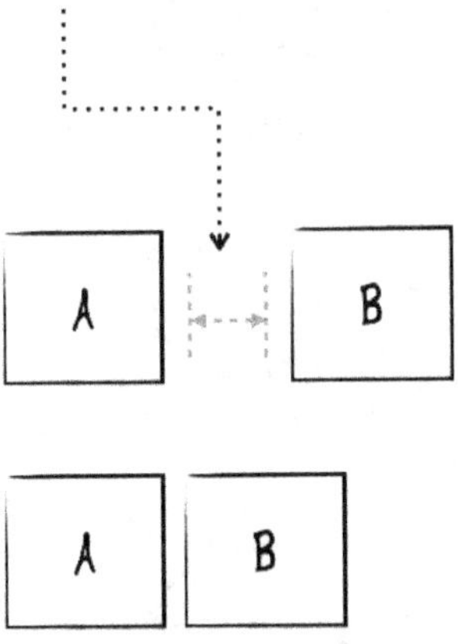

[Storytelling 02] Los marcos, los contenedores, el espacio y el espacio negativo son las comas y los párrafos en el mundo de los bocetos. Para separar ideas podemos usar espacio vacío. Para separar dos objetos visualmente, use un espacio de al menos la mitad del tamaño del objeto más pequeño. Para fusionar ideas, use cualquier espacio más pequeño. Separar ideas con espacios le permitirá crear "pasos" que le permitirán estructurar su flujo visual. En la ilustración se muestran dos contenedores A y B. Fila superior: A y B están claramente separados. Fila inferior: no está claro si A y B son ideas separadas porque están cerca.

Contenedores para ideas

Use contenedores como parágrafos

[Storytelling 03] Esta ilustración muestra tres tipos de contenedores para ideas. En un boceto o ilustración, los contenedores son el equivalente a los párrafos en un texto. Pueden tener cualquier forma. Las burbujas, cuadrados, círculos pueden funcionar como un recipiente. Como en el caso de un párrafo, la función del contenedor es aglutinar trozos y partes en una unidad. Nuestro recipiente favorito es la nota adhesiva Post-It porque se puede pegar, cortar, mover y reemplazar físicamente.

Cómo crear flujo

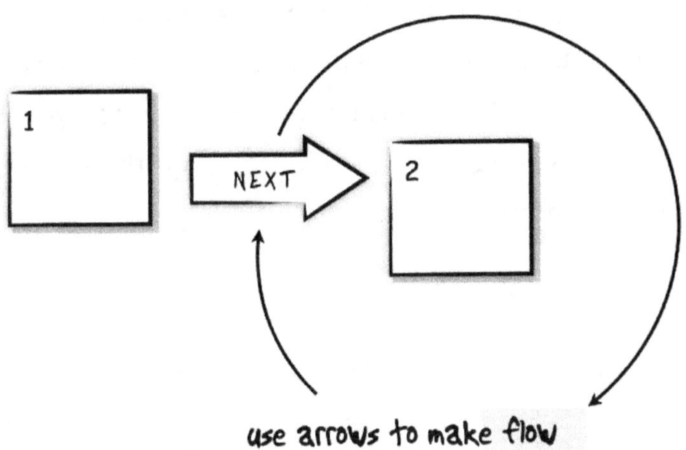

[Storytelling 04] Dividir una historia en pasos puede ayudarle a estructurarla para que sea más fácil de entender. Para conectar los pasos utilice flechas. Las flechas crean un flujo entre los pasos/containers. En un boceto, las flechas equivalen a adverbios conectivos como:

- Primeramente, Segundamente, terceramente,...
- Al princípio, ... luego, ... finalmente, ...
- Primero, ... luego ... después
- Para empezar, ... Sin embargo, ...

- En primer lugar, ... En segundo lugar, ...

Una forma de crear flujo fácilmente es conectar sus contenedores con flechas. Algunos autores recomiendan que se enumeren los pasos; incluso si cree que el orden de los pasos es obvio, esto ayudará a los novatos que miren su historia por primera vez a saber por dónde empezar[7].

---

[7] ¿Tiene un problema perverso? Primero, dime cómo haces las tostadas, TED, Tom Wujec, 2015

Elevación de la cabeza vs. edad

[Consejo 04] Ahora volvamos a visitar a nuestro viejo amigo, el hombre-diente. Como dijimos anteriormente, el hombre diente es de naturaleza anónima y excelente para dibujar multitudes. Pero tiene algunos trucos bajo la manga. Por ejemplo, para modificar la edad de un hombre-diente, puede utilizar la elevación de la cabeza. Cuanto más alta sea la posición de la cabeza (el círculo), más joven y más alerta parecerá. Cuanto más baja esté la cabeza, más viejo y más sabio parecerá.

Resumen

Hasta ahora hemos visto cómo usar el espacio en blanco, cómo usar contenedores y cómo crear flujo. A continuación, comenzará a construir su vocabulario gráfico. Primero, comenzará con los humanos, sus rostros y cómo modular su lenguaje corporal. Luego, practicará cómo dibujar símbolos. Finalmente, reflexionaremos sobre cómo esbozar emociones.

Como dibujar multitudes

[Actividad de grupo 01] **Ejercicio**: dibuje la mayor cantidad de gente que pueda (30 s). Mientras que el hombre estrella es versátil cuando se necesita dibujar una multitud, el hombre dientes es una opción más eficiente (tres golpes).

Instrucciones

Entregue a cada alumno un folio A4 en blanco. Desafíe a los estudiantes a llenar el folio con una multitud lo más rápido que puedan. Límite de tiempo: 30 segundos. Si está en una clase, puede ofrecer un pequeño premio, como un caramelo o un rotulador, al estudiante con el recuento más alto de personas en su A4. Sin embargo, tenga en cuenta que una vez que comience a ofrecer premios, ¡algunos estudiantes se emocionan!

Dibujar el estado de ánimo con los ojos

[Consejo 05] La modulación ocular es una forma popular de transmitir el estado de ánimo en Asia. Sin embargo, es un recurso infrautilizado en Occidente.

Izquierda: En la ilustración, una cara feliz se puede expresar pintando los ojos como ojos en U invertidas.

Medio: La sensación de estar cruzado se puede transmitir utilizando los ojos en equis.

Derecha: Se puede transmitir un sentimiento de desesperanza dibujando ojos en U.

Dibujar la edad usando ojos y boca

[Consejo 06] La distancia entre el ojo y la boca se puede utilizar para transmitir la edad. Esta ilustración muestra que cuanto mayor es el espacio entre ojos y boca, mayor es la edad.

Exprese edades con técnicas Mánga

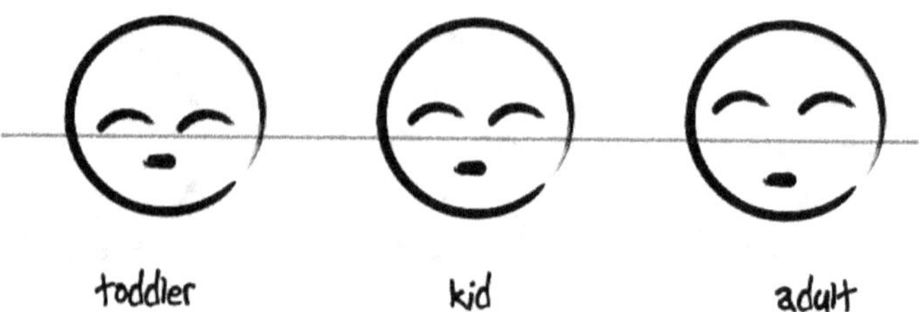

Bebé vs. abuela

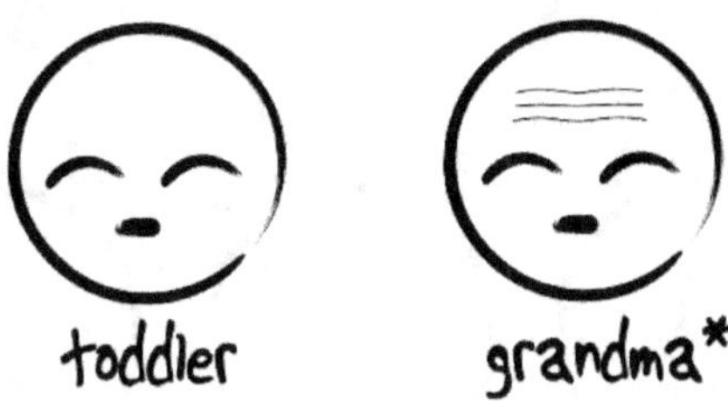

* ...excepto en el caso de la abuela, donde las proporciones vuelven a ser las de un niño pequeño - Akira Toriyama

Use los labios para expresar sentimientos

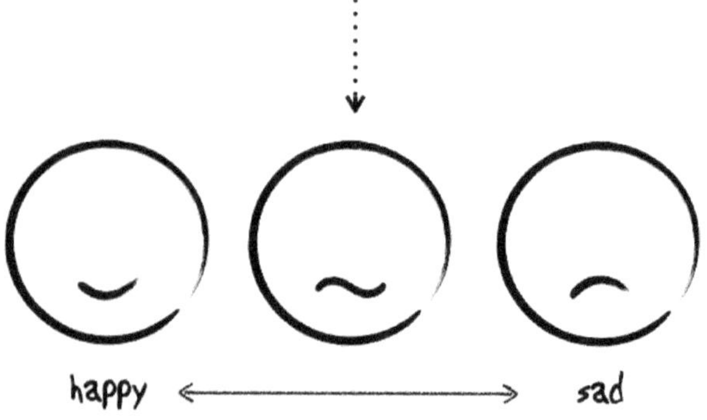

[Consejo 08] Los labios no solo pueden expresar el estado binario felicidad/tristeza, sino que también sirven para estados intermedios a menudo olvidados. Como el ojo anteriormente, la modulación de labios es un recurso infrautilizado en Occidente. Existe una gama completa de emociones entre la sonrisa arquetípica (en la ilustración, la cara etiquetada como 'happy'), y la triste U invertida de la derecha ('sad'). Use los labios para expresar una variedad de sentimientos.

Ejercicio: Construya su vocabulario visual

[Actividad de grupo 02]

El propósito de este ejercicio es darse cuenta de cómo la falta de fluidez al dibujar puede descarrilar su tren de pensamiento. Notará que la mayoría de los estudiantes, (especialmente los de ingeniería), son competentes en el dibujo técnico de objetos, como un automóvil o un robot, pero tienen dificultades al visualizar verbos o emociones. Es decir, falta de vocabulario visual.

Instrucciones

Este es un ejercicio de cadencia rápida. Dibuje las siguientes palabras. Asigne ocho segundos a cada una.

<u>Lista de palabras a dibujar</u>

1. Amor
2. Robot
3. Llave
4. Colaboración
5. Comunicación
6. Flor
7. Casa
8. Tiempo
9. Verano
10. Frío
11. Calor
12. Esperar
13. Atlético
14. Hambriento

Enseñe a compartir obligando a robar

[Actividad de grupo 03] La gente desconfía de robar. Pero robar está bien siempre que dé crédito. En organizaciones intensivas en conocimiento como McKinsey & Co., la información es una fuente de ventaja competitiva para sus clientes. Sin embargo, muchas organizaciones viven en una cultura de acaparamiento, en la que compartir información se considera una mala idea entre empleados. Este es un gran ejercicio para cambiar la cultura de una organización donde el intercambio de información no sea la norma. Una forma de hacer que los participantes se sientan cómodos compartiendo es mediante el método de *maestría guiada*[8].

Instrucciones

Utilice la **maestría guiada** para que las personas se sientan más cómodas con la idea de mejorar sus propias ideas con ideas foráneas.

Ronda 1. Inventar objetos. Pida a los estudiantes que llenen una hoja en blanco con objetos inventados compuestos exclusivamente por líneas rectas. Comparta los resultados.

Ronda 2. Repita con arcos y triángulos. Permítales incorporar un elemento interesante que podrían haber visto de un compañero durante la ronda anterior.

Ronda 3, repita con líneas + triángulos + cuadrados. Comparta los resultados finales. Justificación de la formación de hábitos: robar no es malo.

---

[8] Kelley, T. y Kelley, D., Cap. 8, 2013. Confianza creativa: Liberar el potencial creativo dentro de todos nosotros. Crown Business

Testee su capacidad de relato visual

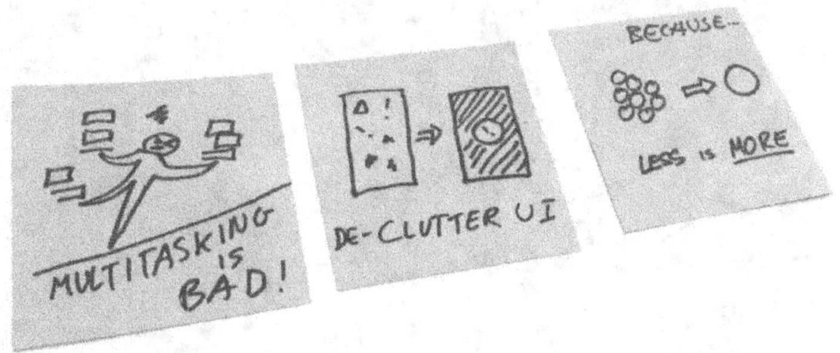

Sumario de la charla de Fuente: Autor.

[Actividad de grupo 04] Ponga a prueba sus habilidades de relato visual.

Instrucciones

Resuma una charla TED en **tres** notas adhesivas. En este ejercicio, puede practicar todos los principios y consejos de dibujo anteriores en un solo ejercicio.

Trabajando en parejas.

Ronda 1

1. Mirar la charla TED de Paolo Cardini llamada: *Olvíde multitarear, pruebe monotarear* (5 min)
2. **Resumir**. Pida a los alumnos que resuman la charla utilizando tres notas adhesivas en una hoja A4 (5 min). Esta es una oportunidad para usar contenedores, flujo, y espacios.

3. **Compartir** los resultados en parejas (5 min). Al final de cada ronda los participantes tienen permiso para comprobar el trabajo de sus compañeros e incorporar nuevos elementos de otros (robar)

4. **Cambiar lugares**. Los participantes deben cambiar de pareja

Ronda 2

(**Visionar** la charla de nuevo)

1. Resumir de nuevo la charla esta vez, **Incorporar** ideas de otros de la Ronda 1
2. **Compartir** los dibujos con una pareja diferente
3. **Cambiar** de lugar de nuevo

Ronda 3

(**Visionar** la charla de nuevo)

1. Repetir los pasos 1 a 3 de la ronda 2.
2. **Reflexionar**. Coloque los A4 en una pared o en el suelo haciendo un círculo.
3. **Observar** las diferentes estrategias utilizadas para resumir la historia.

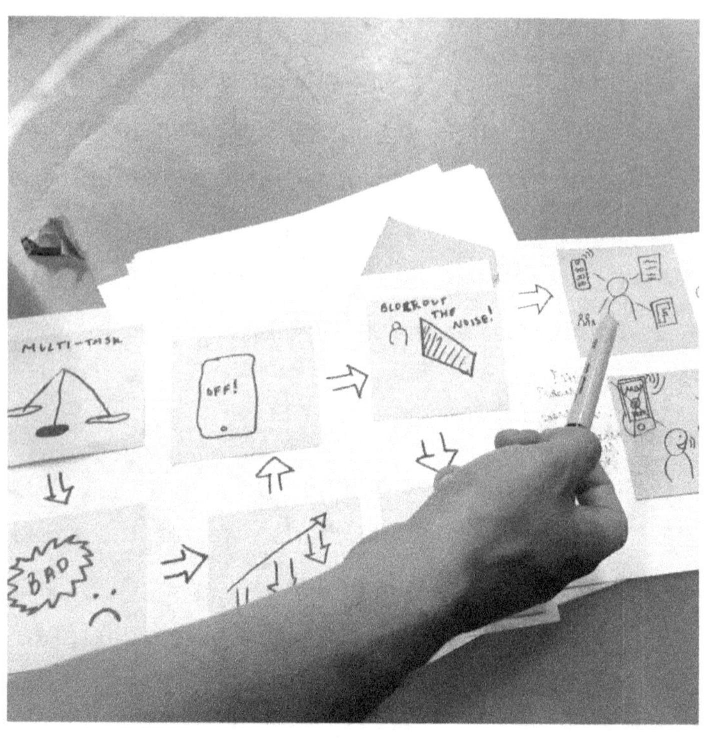

Use flechas para crear flujo.

Taller en d.School. Foto de Ali McKee, agosto de 2015.

Ronda final (ronda 3)

Al final, use el "círculo" para mostrar cada trabajo por igual. Esta es una disposición óptima para reflexionar y dar un cierre espiritual a un taller.

Dibuje "Frío"

[Consejo 09] Ahora que ha practicado con el hombre estrella, ha aprendido los elementos básicos de la narración basada en bocetos, y domina el arte del relato visual (storyteling). Veamos algunos consejos adicionales sobre el dibujo de emociones, el lenguaje corporal y la confianza en el dibujo.

Dibujar emociones frente a objetos

La ilustración muestra cuatro formas de dibujar frío. Pregunte a los alumnos cómo esbozarían la palabra "frío". Después de algunos talleres, notamos que cada uno tiende a dibujar en frío a su manera particular, pero rara se dibuja al hombre que tiembla. Sin embargo, cuando sea posible, intente esbozar emociones - un usuario sintiendo algo - en lugar de un objeto abstracto o inanimado.

Dibuje "Música"

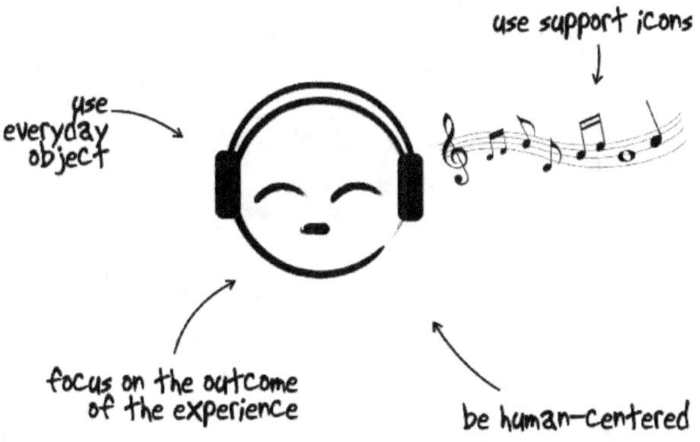

[Consejo 10] Cuando sea posible, intente esbozar experiencias en lugar de iconos. Pregunte a los estudiantes: ¿Por qué la gente escucha música? ¿Es para mantener calientes sus oídos o para sentir la alegría de la música? Trate de dibujar la alegría de la música.

Reflexión

- Las emociones están centradas en el ser humano
  Use objetos familiares (no haga que la gente adivine)
- Centrarse en el resultado de la actividad (alegría)
- Utilice iconos de soporte para desactivar la ambigüedad (notas musicales)

Use posturas para expresar sentimientos

[Consejo 11] Después de la expresión facial, el lenguaje corporal es el segundo mejor indicador de sentimientos. Un gran número de psicólogos han señalado que alrededor del 80% de la comunicación es no verbal (con un gran componente perteneciente al lenguaje corporal). Solo el resto es oral, así que, ¿no es hora de que empieces a usar más lenguaje corporal en tus bocetos?

Izquierda: En la ilustración, un hombre estrella neutral.

Derecha: un cuerpo inclinado hacia un lado y la mano en el rostro se utilizan para transmitir angustia.

Dibuje "Derrota"

[Consejo 12] Cuando se trata de esbozar un sentimiento, es mejor dramatizar en exceso. El principio de exageración es uno de los 12 principios clásicos de la buena animación utilizados en los dibujos animados de Disney y la animación tradicional japonesa (anime). Véase también *"Principles of Good Animation" de John Lassetter, Siggraph 1987*. En caso de duda, dramatice demasiado. En la ilustración se representan tres hombres estrella con diferentes niveles de exageración. ¿Cuál comunica más eficazmente el sentimiento de derrota? **Izquierda**: hombre estrella neutral. **Medio**: El hombre estrella se inclina, se limpia la cara con la mano. **Derecha**: Star man se inclina, se limpia la cara con la mano y se arrodilla.

Dibuje "¡Victoria!"

[Consejo 13] La figura del lado derecho se llama brazos expansivos. Es un símbolo universal de logro. Incluso las personas ciegas (que nunca han visto a nadie hacer esta pose corporal) la harán espontáneamente cuando ganen una carrera.

Izquierda: hombre estrella neutral.

Derecha: Pose de victoria hombre estrella. Observe que la cabeza está colocada más arriba para expresar la expansión. Note que "¡Sí!" se ha añadido para desactivar la ambigüedad de la pose, que también se puede interpretar como "¡ayuda!" (porque las piernas están abiertas).

¿Cómo ganar confianza?

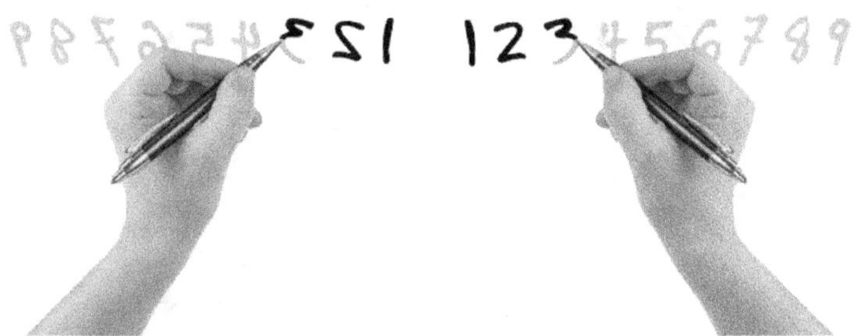

[Actividad de grupo 05] Cuando mi amigo César llegó a San Francisco, no conocía a nadie fuera de su zona de confort. Cesar y yo decidimos que los fines de semana trataríamos de socializar más con extraños. Así que todos los sábados íbamos a un Starbucks elegido al azar. En uno de esos, conocimos al ilustrador autodidacta Juan Villa cerca de Edgewood. Fue fácil de congeniar con el porque lleva consigo material de dibujo. Nos enseñó este truco...

Instrucciones

Escriba los números del 1 al 9. La mano izquierda escribe la imagen especular de la mano derecha. Ambas manos escriben a la misma velocidad. La mayoría de la gente es ambidiestramente buena dibujando números.

Dibuje una casa

[Actividad de grupo 06] El propósito de este ejercicio es ganar confianza a través del recuerdo de escenas a ciegas.

Instrucciones

Cierra tus ojos. Con los ojos cerrados, dibuja: la línea del horizonte, una casa, un camino que conduce a la casa y un sol que brilla en el cielo. Ahora abre tus ojos. Se sorprenderá de la precisión con la que puede dibujar incluso con los ojos cerrados. Ejercicio de Juan Villa.

Capítulo 2
Cómo hacer que resalte

En este capítulo, aprenderá cómo hacer que un boceto sea más atractivo. Para lograr esta hazaña, utilizaremos técnicas de color y sombreado tomadas del Creative Problem Solving Institute, Buffalo, USA. Estos fueron exhibidos en Dubai por Deborah Madelaine, científica en innovación en MARS Inc. En este capítulo, necesitará un marcador de cincel (no el Sharpie del capítulo 1). Una opción estándar es la marca Mr. Sketch. Mr. Sketch es más grande que el Sharpie, por lo que es adecuado para dibujar en superficies más grandes, como un papel A3 o un rotafolio. Si está usando un folio tamaño A4, no tenga miedo de dibujar hombres estrella más grandes.

Organización del capítulo

Este capítulo está organizado en cuatro temas:

1. **Cinceles**
2. Formas de hacer que un boceto **resalte**
3. **Sombras** y Contenedores
4. **Plantillas**

Para reuniones de tamaño medio

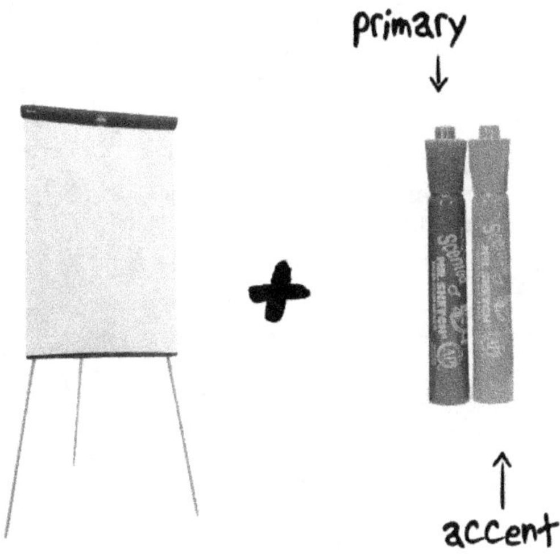

[Herramientas 04] Una superficie de dibujo popular para reuniones de tamaño medio es el rotafolio. En tales casos, los marcadores de 5 mm de grosor funcionan muy bien. Necesitará dos tipos de marcadores (cada uno de diferente color): un marcador principal, un marcador secundario o de *acento*. El marcador principal se utiliza para contornos, texto y formas. Colores primarios eficaces de los marcadores son el negro y el azul oscuro. El acento (o marcador secundario) se utiliza para las sombras. Los colores de acento típicos son colores claros como:

amarillo, naranja, verde claro y rosa. Las combinaciones típicas de acento primario son: azul-rojo, negro-verde y negro-naranja.

¿Cómo animar las cosas?

[Consejo 14] Hay dos formas de hacer que un boceto sea más atractivo: sombras y manos de jazz (las líneas radiales).

Sombreado

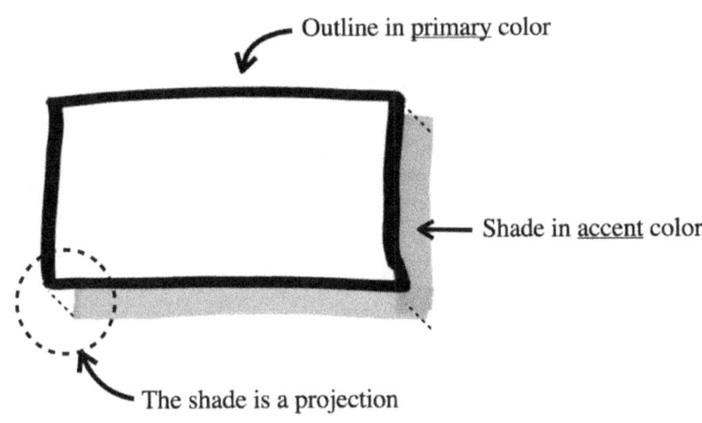

Nota sobre el sombreado: la sombra nunca se

extiende hasta la esquina del objeto porque las sombras son siempre proyecciones que resultan de los espacios entre dos objetos. ¿Cuáles son los mejores colores para sombrear? Colores claros. Tenga en cuenta que los tonos de colores no existen en el mundo real. Ésta es una de las razones por las que son tan poderosos a la hora de hacer que los contornos "destaquen". Evite los colores oscuros para sombrear.

Comparación antes-después

La ilustración muestra dos podios. El de la derecha (después) transmite la idea de "ganar" con mucho más entusiasmo que el de la izquierda debido a las manos de jazz y el sombreado (aquí en un color gris de bajo perfil). Tenga en cuenta que también puede agregar sombreado a las "manos de jazz".

¿Por qué usar marcadores de cincel?

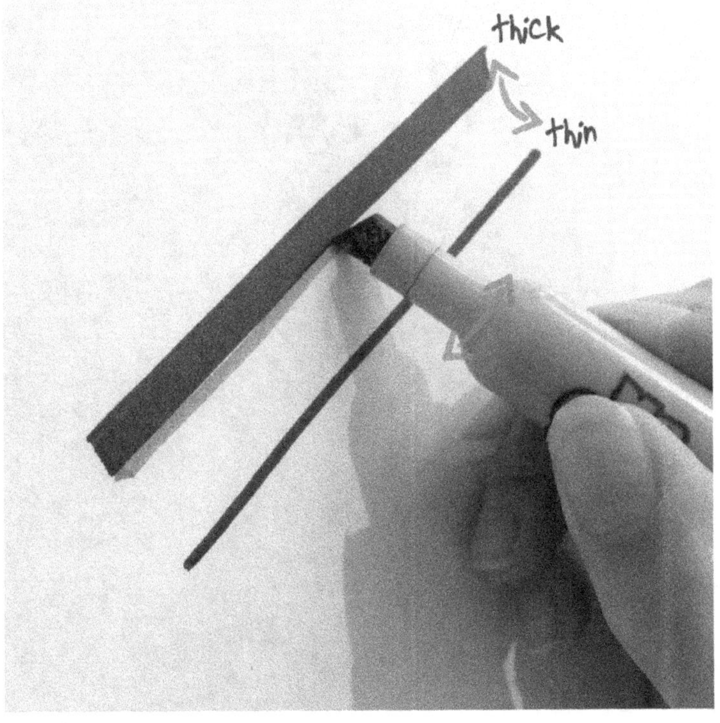

[Herramientas 05] Una vez que haya usado un marcador de cincel, no querrá volver a los marcadores normales porque al girar un cincel 90 grados se puede cambiar instantáneamente el ancho del marcador. Es como tener dos marcadores en uno. Recuerde que cuando esté en un taller, cada segundo cuenta.

¿Cómo hacer contenedores que salten a la vista?

[Consejo 15] La ilustración muestra un ejemplo de resaltado realizado con rotuladores Mr. Sketch. El lado delgado de un marcador negro de Mr. Sketch se usó para dibujar los contornos de los contenedores. El lado ancho de los marcadores se utilizó para "sombrear".

Excepción de sombreado

Tenga en cuenta que en este caso las sombras se extienden hasta el vértice de los contenedores. Esta es la única excepción a la regla de proyección de sombras que vimos anteriormente. De hecho, se trata de extrusiones en lugar de sombras.

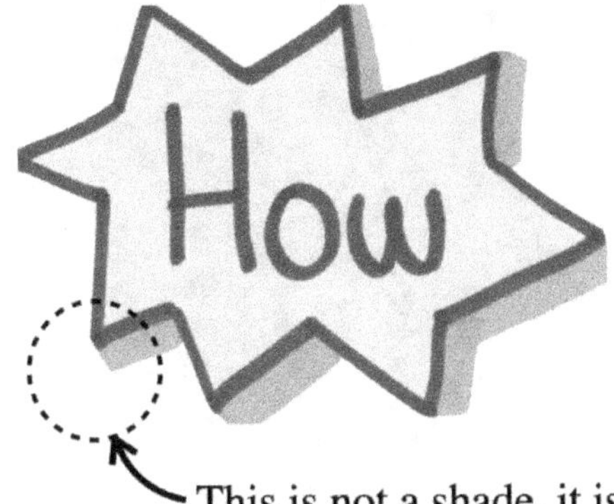

This is not a shade, it is an extrusion

(No es una sombra, es una extrusión)

¿Cómo expresar el género?

[Consejo 16] Uno puede aprovechar los estereotipos de género para transmitir género en bocetos. Se puede usar un peinado femenino para convertir a un hombre-diente en una mujer. Se puede usar una gorra de béisbol para convertir el mismo en un macho. Tenga en cuenta que el uso de gorras por parte de los hombres es frecuente en algunas partes de América, pero menos en Europa y otros países. Un punto clave de las gorras es que ayudan a transmitir la dirección de la mirada, una señal social importante.

Izquierda: En la ilustración, se usa una gorra en un hombre (estereotipo) para transmitir el género y la dirección de la mirada.

Derecha: Se utiliza un peinado de mujer (estereotipo) para transmitir el género y la dirección de la mirada.

Nota sobre los estereotipos de peinado

El estilo del peinado es una herramienta poderosa para transmitir información de género. Además, algunos experimentos han medido cuánto influye el peinado en cómo se percibe a una persona.

¿Cómo generar expectación?

[Consejo 17] Nada llama más la atención que tener una multitud ya integrada prestando atención. Tenga en cuenta que puede utilizar gorras y sonrisas para indicar la dirección de la mirada. Este boceto combina las cuatro técnicas ya vistas:

1. Uso del Hombre-diente para multitudes
2. Gorras / Sonrisas para la miradas
3. Manos de jazz para exagerar
4. Sombreado para aumentar el atractivo

[Actividad de grupo 07]

Puede convertir la ilustración previa en un ejercicio.

Primero, dibuje el rectángulo del rotafolio.

En **segundo** lugar, dibuje al hombre de pie junto a él. En este punto, pregúntele a la audiencia, ¿cómo crearía interés en torno a este vendedor? Luego, puede guiar a la audiencia para que le brinde sugerencias para que se agreguen en secuencia. Observe cómo aumenta el nivel de expectación en cada paso.

<u>Orden preferido</u>
1. Añada una multitud alrededor
2. Añada los indicadores de la mirada (gorras)
3. Añada las manos de jazz
4. Agregue sombreados

¿Cómo hacer las listas más legibles?

Ejemplo listo de la compra

- ☑ **Leche**
- ☑ Pimienta
- ☑ **Jugo de naranja**
- ☑ Flores para Mamá
- ☑ **Tarta de manzana**
- ☑ Jabón

[Consejo 18] El uso de colores alternados hace listas más legibles.

¿Cómo dibujar títulos atractivos?

[Consejo 19] Instrucciones para dibujar la pancarta ondulada. Comience con la onda superior (1), luego la onda inferior (2). Si dibuja 2 inmediatamente después de 1, la memoria muscular aún está fresca y la segunda ola será una copia perfecta de la primera.

Luego el lado (3), el ala (4) y (6,7). Finalmente, puede agregar sombras. (¡No olvides agregar sombras a las alas también!)

¿Cómo dibujar el equipo feliz?

[Consejo 20] La ilustración muestra un equipo / familia de tres. Está compuesto por tres hombres-estrella en posición de victoria. La figura líder aparece en el centro. Dos figuras más pequeñas se colocan a los lados. Tenga en cuenta la importancia de las gorras, lo que indica que los miembros de esta familia se miran entre sí. Finalmente, ninguna familia está completa sin una pequeña mascota.

Nota sobre el efecto admirador

La pequeña mascota aumenta el efecto de este dibujo mediante el llamado efecto admirador.

¿Cómo dibujar una línea de tiempo?

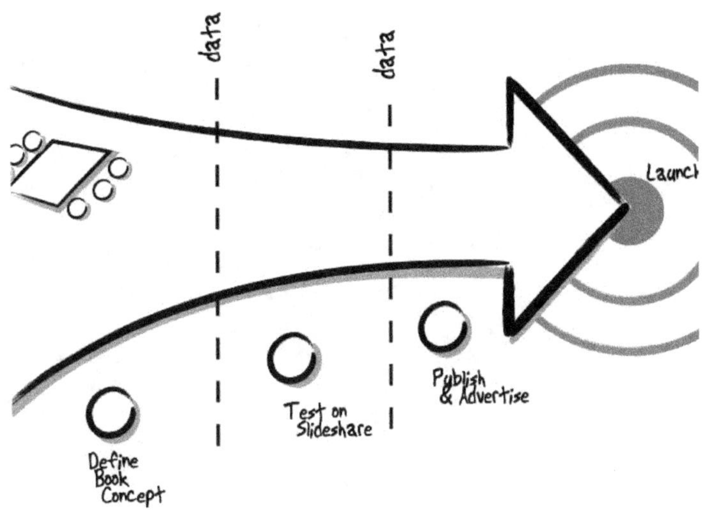

[Consejo 21] La ilustración muestra una línea de tiempo con hitos y una meta. Para el objetivo (derecha), generalmente se utilizan círculos concéntricos y de color rojo. Fuente: Creative Problem Solving Institute.

Capítulo 3
El efecto del diseño interior en las reuniones

En el capítulo 1 vimos cómo comunicar una idea de forma eficaz con un boceto. En el capítulo 2 vimos cómo hacer que ese boceto sea atractivo para que cumpla su cometido (comunicar). Tenga en cuenta que una buena idea que pasa desapercibida es casi una idea muerta. Ambas habilidades son fundamentales para aumentar el coeficiente intelectual de su grupo. Sin embargo, los bocetos poco atractivos o deficientes no son el único enemigo del la inteligencia. En este capítulo, abordaremos otro enemigo silencioso pero omnipresente en talleres de creatividad: malas disposiciones de mobiliario en salas de reunión.

Motivación

Decidimos agregar este capítulo después de asistir a un taller de capacitación de liderazgo impartida por David Nino del MIT. En el, la disposición de la sala, con sillas sin ruedas e mesas inmovibles, obstaculizó el éxito del taller, una falta tan común como elegir el tamaño de marcador incorrecto. Una mala elección puede acabar con la creatividad de una reunión de cuatro formas:

1. **Reduce** el coeficiente intelectual del grupo
2. **Obstaculiza** la comunicación
3. Fomenta las **distracciones**
4. Desencadena comportamientos de **confrontación**

Cree particiones

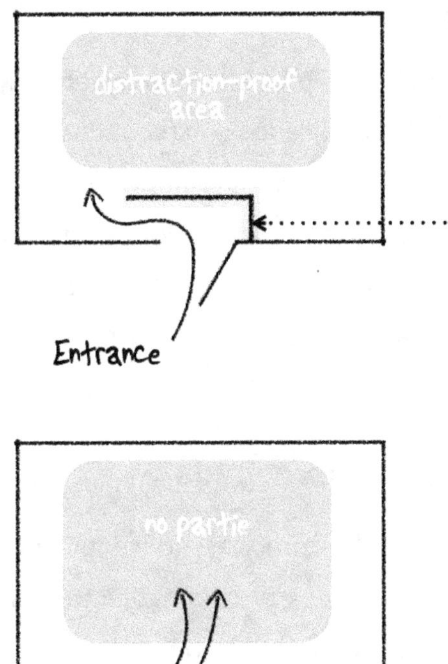

[Consejo 22] Particiones (*parties*). Lo primero que debe considerar al configurar un área de trabajo es cómo proteger a los participantes de distracciones para que se puedan concentrar 100% en la reunión. En cualquier área de trabajo, la principal fuente de distracción es la puerta. Es por eso que los teatros y restaurantes de lujo usan cortinas para separar la entrada de los comensales.

¿Qué es una partición?

Una partición o partie, es una semi-barrera que separa espacios dedicados a actividades incompatibles (como entrar a una habitación o comer tranquilamente). Por ejemplo, los restaurantes al aire libre suelen separar la terraza donde los clientes comen del tráfico peatonal mediante una barrera de plantas.

Una partición improvisada

Un ejemplo de cómo el no tener una partición entorpece un taller es el aula de lectura típica. En el peor de los casos, la pizarra del aula está instalada al lado de la puerta. En tales disposiciones, cualquiera que entre o salga del aula crea un evento perturbador. Sin embargo, incluso en tales casos se puede hacer algo al respecto. Cree una partición improvisada colocando una pizarra móvil entre la puerta y los asientos. Las mejores particiones son las simbólicas. (Frederick 2009)

Zonas muertas

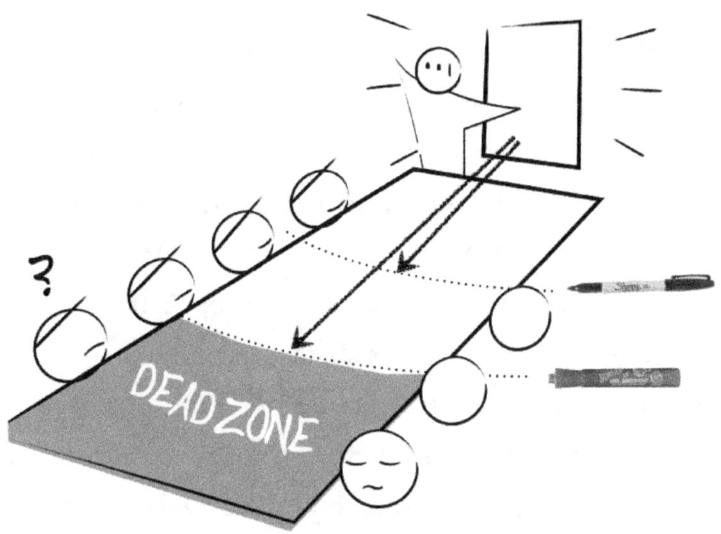

[Consejo 23] Una zona muerta es donde la información no llega con claridad. Evitar las zonas muertas es difícil en equipos de N> 10. Las zonas muertas pueden ocurrir visualmente pero también en la comunicación hablada. También pueden ocurrir en términos de interacción física si se requiere "pensar con las manos" y algunos participantes no pueden llegar al área de "juego".

Zonas muertas visuales

Reach: 3.0m / 20 ppl

Reach: 1.8m / 5 ppl

Cuanto más grueso sea el marcador, mayor será su alcance. Un boceto realizado con bolígrafo fino Sharpie tiene un alcance de 1,8 metros. Esto significa que puede llegar a un máximo de cuatro a cinco personas simultáneamente. Por otro lado, un marcador de 5 mm se puede ver desde una distancia de 3 metros. Esto significa que puede llegar a entre cinco y veinte personas simultáneamente. Elija el tamaño de marcador que se adapte al tamaño de su equipo.

Influencia del diseño interior en la inteligencia de grupo (gIQ)

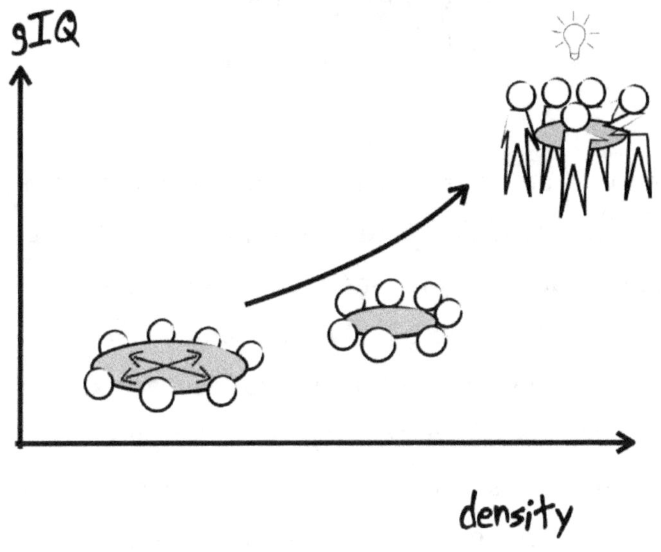

[Consejo 24] Algunos diseños de mesa dispersos, como el diseño de la boda (abajo izquierda), aumentan el riesgo de confrontación y, por lo tanto, reducen el coeficiente intelectual del grupo (gIQ). Los diseños más densos conducen a una mayor inteligencia. Seguidamente veremos cuatro disposiciones de mesa. Una regla general es que las disposiciones que ponen una distancia entre los participantes grande (d> 2 m) conducen a una mayor falta de comunicación: la principal fuente de conflictos en el Mundo. (Bluedorn 1999)

La mesa de **boda**. Las bolas representan cabezas de personas sentadas. Este diseño maximiza el riesgo de confrontación entre las partes sentadas. El gran diámetro de la mesa (2,0 m) dificulta la comunicación porque la distancia óptima para leer las expresiones faciales en una conversación entre dos personas es de 0,8 m. No es sorprendente que surjan discusiones entre las personas que se sientan lejos unas de otras.

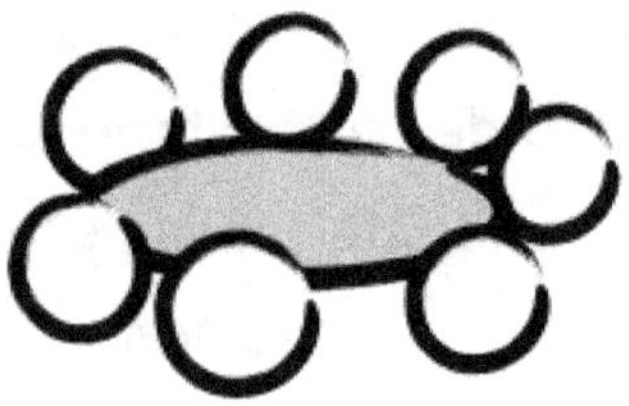

La mesa **acogedora**. Reducir el tamaño de la mesa es una forma de reducir el riesgo de confrontación a expensas de reducir espacio.

La **mesa alta de pie**. Permitir que los participantes estén de pie les permite liberarse de la *tiranía de las sillas*.

La reunión de pie. Este diseño minimiza el tiempo de reunión.

El layout de ideo

[Consejo 25] El layout de mesa ideo apareció por primera vez en un episodio de *Nightline* de ABC 1999 que presentaba ideo - la firma de diseño de productos. Es nuestro layout de referencia para reuniones basadas en pizarras. Este diseño es óptimo para reuniones informativas y presentaciones breves de misiones de investigación.

Designe a un jefe de sala

[Consejo 26] Las buenas reuniones tienen un facilitador que suele guiar al equipo a través de una agenda. Sin embargo, las grandes reuniones, además de un facilitador, designan a un llamado anfitrión, maitre, o jefe de sala (Room Master / *Master of Ceremony* [MC], en Inglés). El papel del maestro de sala es cuidar de la logística para que el facilitador pueda concentrarse en facilitar.

La lista del jefe de sala

1. ☑ Mesa rectangular

2. ☑ Si se utilizan sillas, las sillas deben tener ruedas

3. ☑ Pizarra cerca de la mesa (d <90 cm)

4. ☑ Disposición de asientos compacta

5. ☑ Solo una persona usa la pizarra a la vez

6. ☑ No ocupar espacio en la mesa con artículos personales

7. ☑ Sin codos en la mesa

Nota sobre mesas

Hallazgos recientes sugieren que los diseños de interior que consisten en sillas y pizarrones, pero sin mesa, ayudan a los equipos a pensar más rápido que los que usan mesas.

Como acabar bien

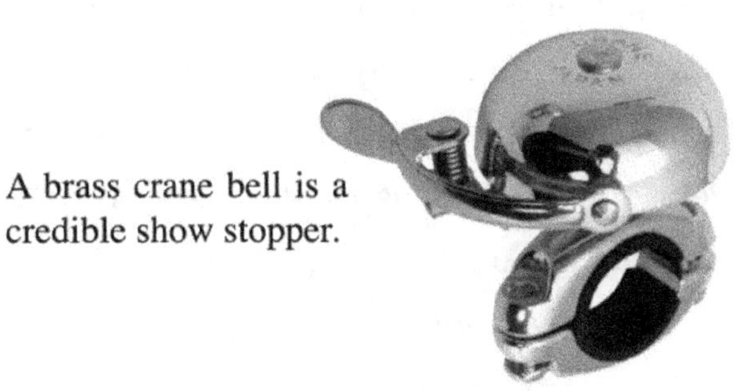

A brass crane bell is a
credible show stopper.

Una campana de bicicleta usada en talleres.

[Herramientas 06] Cronometrar actividades, *time-boxing* (en Agile), y limitar la duración de algo es fundamental. Detener una actividad a tiempo es tan importante como iniciarla a tiempo. Y para detenerla con autoridad nada mejor que un timbrazo o un campanazo. Cada facilitador tiene sus propios trucos bajo la manga. En la d.school, usan un gran gong chino de Daiso. En los talleres de Agile, se utiliza la llamada del mono. En una llamada del mono, todos los participantes deben levantar ambas manos cuando vean a alguien con ambas manos arriba. Es una señal visual para que el facilitador tome la palabra cuando hay breakouts. Otros prefieren usar su propia voz.

El timbre

El timbre de bronce en la foto es un compromiso entre portabilidad y sonido. El metal de aleación produce un sonido puro que todo el mundo parece respetar. Lo llevo como llavero a los talleres donde quiera que vaya. Es deber del anfitrión (jefe de sala) proporcionar una herramienta así de buena al presentador visitante.

Índice

Referencias

Berengueres, J. The Brown Book of Design Thinking. iBooks. 2011

Bluedorn, A.C., Turban, D.B. y Love, M.S., 1999. Los efectos de los formatos de reuniones de pie y sentado en los resultados de las reuniones. Revista de Psicología Aplicada, 84 (2), p.277.

Frederick, M., 2007. 101 cosas que aprendí en la escuela de arquitectura. Cambridge: Mit Press.

www.ingramcontent.com/pod-product-compliance
Lightning Source LLC
Chambersburg PA
CBHW071926120726
48001CB00005B/1882